Néfertiti

Brigitte Labbé • Michel Puech

Illustrations de Jean-Pierre Joblin

ÉCOLE G-E CARTIER, BIBLIOTHEQUE
250 CHEMIN GAINSBOROUGH
TORONTO M4L 3C6

MILAN
jeunesse

En faisant défiler rapidement les pages
de ce livre, le dessin d'un cobra,
symbole royal, situé juste au bas
de la page de droite, s'animera.
Chaque livre de la collection
De vie en vie a son *flip-book*.

Sculpter la beauté

Les doigts façonnent le bloc d'argile avec assurance, les gestes sont nets et précis. Un œil se dessine, une courbe de nez apparaît, les lignes du cou se creusent dans la terre légèrement imbibée d'eau. Le regard de Thoutmosis, sculpteur royal, est concentré. Il cherche à saisir la vérité de son modèle. Un modèle devant lequel tous les sculpteurs d'Égypte trembleraient : Néfertiti, Grande Épouse Royale, dame du Double Pays, la Haute-Égypte et la Basse-Égypte, femme aimée de Pharaon, Maître des Deux Terres,

De vie en vie

qui fait se lever le soleil et jaillir l'eau du désert, qui vivra éternellement, seul détenteur du nom d'Horus, fils de Rê, dieu du Soleil.

Thoutmosis fait partie des centaines d'artistes, poètes, musiciens, bijoutiers, perruquiers, artisans, cuisiniers, costumiers, blanchisseurs, qui sont au service du pharaon Aménophis IV. Ses mains ne tremblent pas, son visage n'exprime aucune inquiétude, et pourtant aujourd'hui, pour la première fois de sa vie d'artiste, le doute l'habite. Va-t-il réussir à exprimer la douceur de cette bouche, peut-il traduire la profondeur de ce regard et la pureté qui se dégage de ce front ? Comment respecter la perfection de l'ovale du visage, comment faire ressentir le velouté de la peau, la clarté du teint, la grâce de ce long cou qui annonce l'élégance des épaules ? Peut-on sculpter la beauté, la pure beauté ? Une beauté qui vient des dieux,

Thoutmosis en est certain, comme le sont tous ceux qui ont l'immense bonheur de contempler Néfertiti. Il se demande si ce qu'il est en train de sculpter fera vivre pour l'éternité la divine beauté de sa reine adorée.

Le bonheur

Un vol de hérons au-dessus des roseaux ; des papillons multicolores dans les rayons du soleil ; trois petits nénuphars à la surface de l'eau ; une famille de canards poursuivie par un enfant sur son petit radeau ; des chatons cachés dans un bosquet de papyrus ; un homme,

sa femme et leur fille en promenade dans les marais ; des oiseaux parmi les fleurs de lotus.

Pendant que Thoutmosis travaille, Néfertiti se laisse emporter par ces peintures qui décorent les murs autour d'elle. Elle a l'impression de sentir le délicat parfum des fleurs, d'entendre le clapotis de l'eau, les oiseaux semblent vouloir s'échapper du décor et voler vers elle.

De l'endroit où elle est assise, Néfertiti peut aussi voir un des nombreux jardins du palais

de Malqatta, son jardin préféré peut-être. Au centre, un immense sycomore plusieurs fois centenaire offre son ombre à un petit lac bordé d'iris, de lotus et de roses. Néfertiti est toujours émue en se demandant combien de générations de pharaons cet arbre a connues.

Dans les maisons et les palais égyptiens, les peintres et les sculpteurs font entrer les arbres, les fleurs, les fruits, les animaux, l'eau, le ciel, le soleil. Chaque mur, chaque pièce du palais, chaque colonne est une célébration de la Nature, un chant de couleurs, une explosion de parfums, de saveurs, de lumière.

Comme l'Égypte est belle ! Néfertiti se laisse aller à la rêverie. Quel bonheur, ce matin, à l'aube, de nager dans le Nil ! La douceur de l'eau sur son corps nu, la caresse des premiers rayons du soleil, les délicats parfums des fleurs qui se réveillent. Laisser une douce brise sécher sa peau, sentir l'herbe et le sable sous ses pieds nus.

Existe-t-il plus belle création des dieux que la Nature ? Existe-t-il un plus grand bonheur que de vivre dans cette Nature ?

Grande réunion

Mais la Grande Épouse Royale se lève déjà. Elle a autre chose à faire que de rester des heures à poser. Que le sculpteur se débrouille avec cette première ébauche, qu'il termine le buste dans son atelier ! Les affaires du royaume l'attendent, Aménophis IV a besoin d'elle, aujourd'hui plus que jamais. Elle doit le

rejoindre dans la grande salle d'audience, où sont déjà arrivés tous les hommes importants du royaume. D'abord le Grand Prêtre, chef des milliers de prêtres au service du dieu Amon. Amon, le roi de tous les dieux d'Égypte, Amon dont le nom veut dire « Le caché », le dieu que seuls Pharaon et les prêtres ont le droit de voir. Sont aussi arrivés : le Premier ministre, celui qui gouverne le royaume et fait appliquer les ordres de Pharaon ; le grand chef des armées, fidèle ami de Pharaon ; le directeur des greniers et des troupeaux de bœufs, qui est le haut responsable de l'agriculture et des très importants systèmes d'irrigation ; le directeur des déserts ; le chef des sculpteurs. Les chefs des quarante-deux provinces de la Haute- et Basse-Égypte sont là, ils ont fait le voyage jusqu'à la capitale, Thèbes, sur ordre de Pharaon. Les scribes royaux, rouleaux de papyrus en main, tablettes d'argile sur les genoux, sont prêts à noter les paroles de Pharaon ou à répondre avec précision aux questions sur les affaires et les finances de l'État.

Personne ne sait pourquoi Pharaon a convoqué tout ce monde. Il va certainement annoncer un événement exceptionnel, sinon il n'aurait pas réuni toute la cour et l'ensemble des dignitaires des Deux Pays.

Personne ne sait, sauf Néfertiti. La Grande Épouse Royale est la seule à savoir que la décision que Pharaon va annoncer aujourd'hui est le point de départ d'un projet qui va révolutionner l'Égypte, et peut-être même le monde. Mais hier soir, en se promenant avec Pharaon dans les jardins du palais, Néfertiti lui a recommandé de ne pas annoncer leurs plans en une seule fois.

Une apparition éblouissante

Quand Néfertiti entre dans la grande salle d'audience, vêtue simplement d'une robe de lin blanc, transparente et légère comme un voile, tout le monde retient son souffle. Aménophis lui-même est sous le choc. Malgré le sérieux et l'importance de ce moment, il est tellement ému qu'il est tenté de se lever, de la

prendre dans ses bras, et de l'embrasser amoureusement. Il la croise dix fois par jour, mais à chaque fois son cœur bat plus vite. Il est toujours ébloui par le rayonnement de sa jeune femme, séduit par l'intelligence de son regard et la pertinence de ses avis. Depuis quatre ans, Néfertiti est son meilleur partenaire pour veiller sur les Deux Terres et y faire régner Maât : l'Ordre, la Justice, la Vérité.

Maât

Maât, qui repousse les forces du Mal, loin, très loin de l'Égypte. Maât, l'harmonie qui permet à l'Égypte, chaque matin, de sortir des ténèbres et de se réveiller inondée de Soleil. Maât, l'ordre qui offre aux Deux Pays les débordements réguliers du Nil, le fleuve bienfaiteur qui dépose chaque année le limon fertile, puis se retire pour laisser la place aux semences, et ensuite aux récoltes. Une régularité qui remplit les greniers de blé et d'orge, les amphores de vin et de bière. Un ordre parfait qui permet au peuple de Pharaon de vivre depuis des siècles dans le pays le plus riche, le plus florissant, le plus prospère du monde.

Aménophis IV a appris la religion de ses ancêtres, il connaît son devoir de pharaon : faire souffler l'esprit de Maât sur l'Égypte. Sortir chaque jour vainqueur du combat contre le Mal, contre le désordre, maintenir l'ordre et l'harmonie sur terre, comme les dieux savent maintenir l'ordre et l'harmonie dans l'univers. Construire des temples aux dieux, les prier, mener les processions, porter des offrandes, faire des sacrifices, chaque matin, chaque soir, chaque jour, pour maintenir Maât et protéger son peuple. Une immense tâche qu'Aménophis IV partage avec Néfertiti, comme son père, Aménophis III, la partageait avec son épouse Tiyi.

Maât et Néfertiti

Mais Néfertiti ne ressent pas Maât comme ses ancêtres. Elle ne sent pas la présence de menaces qui risqueraient à tout moment de faire basculer l'Égypte dans les ténèbres. Elle ne sent pas que Maât livre un combat permanent pour maintenir cette harmonie dans laquelle baigne son pays. Où est le Mal contre lequel il faut lutter ? Où sont les forces des ténèbres prêtes à engloutir l'Égypte ? Néfertiti ne les voit nulle part. Quand elle ouvre les yeux, chaque matin, sur cette magnifique et paisible terre d'Égypte, elle ne voit que de la beauté autour d'elle. Tout est beau, bon, vrai.

Le monde est beau, naturellement beau. La force, la puissance, la richesse, ne sont rien face à la joie, au bonheur, à la tranquillité, qui règnent partout dans la Nature.

Voilà ce que Pharaon doit faire souffler sur l'Égypte, pense-t-elle : l'esprit de cette Nature, où tout n'est que douceur de vivre, joie et bonheur.

La Heb-Sed

Néfertiti s'incline, baisse les yeux devant le Maître de l'Égypte et prend place à ses côtés.

Pharaon s'adresse à la grande assemblée :

– Voilà quatre ans que nous régnons sur le royaume des Deux Terres, notre pays vit dans la paix et la prospérité. Il est temps de célébrer la Heb-Sed.

De vie en vie

Un léger murmure parcourt la salle. Le Grand Prêtre d'Amon et le chef des scribes échangent un regard interrogatif. Ay et Horemheb, deux fidèles chefs d'armée, lèvent les yeux vers Pharaon, inquiets.

– Puis-je prendre la parole ? demande le Grand Prêtre, serviteur du dieu Amon, en s'inclinant devant Pharaon.

– Parle, répond Pharaon.

– Grand Maître des Deux Terres, Souverain Éternel, Vainqueur de tous les peuples du monde, c'est après trente ans de règne que se célèbre la Heb-Sed, après une longue période d'exercice du pouvoir qui a épuisé l'énergie du pharaon.

Le Grand Prêtre a raison : cette cérémonie, qui réunit tous les dieux et toutes les déesses d'Égypte pour qu'ils redonnent puissance et énergie au pharaon, se célèbre au bout de trente années de règne. Aménophis doit attendre encore vingt-six ans. Telle est la règle depuis des siècles, depuis la création des dynasties de pharaons.

– Grand Prêtre, que crois-tu m'apprendre ?

Aménophis se tourne vers les scribes.

– Notez : moi, Horus, fils de Rê, accompagné de Néfertiti, Grande Épouse Royale, celle qui réjouit le cœur du Maître des Deux Terres, ordonne au pays de se préparer à la célébration de la Heb-Sed.

Parole divine

Pharaon connaît l'efficacité de son administration : ses instructions vont immédiatement partir vers chaque province d'Égypte. Chaque directeur régional informera ses sous-directeurs, ceux de l'agriculture, de la pêche, du commerce, de l'architecture… Les chefs locaux réuniront les ouvriers, le sous-directeur des transports enverra des lettres de mission aux chefs de chantier et aux inspecteurs du Nil… Tout se déroulera sous la surveillance de centaines de scribes qui noteront chaque décision, chaque dépense, chaque livraison, pour que le Premier ministre et le chef des scribes reçoivent des rapports précis et détaillés. Chaque tâche, chaque mission, chaque rapport sera effectué au nom de Pharaon. Car sur cette terre d'Égypte tout ce qui se fait, tout ce qui se dit, se fait et se dit au nom de Pharaon, le roi-dieu.

Le Grand Prêtre du dieu Amon s'incline. La parole de Pharaon est la parole d'un dieu, personne n'ose la remettre en question. Le pays tout entier va se mettre au travail, chaque ville va organiser le voyage de son dieu vers Thèbes. Plus les dieux seront nombreux à se réunir autour d'Amon, le dieu caché, plus l'énergie divine que recevra Pharaon sera puissante.

Les prêtres du dieu Amon sont inquiets

De retour au temple, le Grand Prêtre n'est pas surpris par les questions qui fusent de tous côtés. Les prêtres d'Amon sont inquiets. Pourquoi Pharaon bouscule-t-il le rythme de l'Égypte et viole-t-il Maât ? Pourquoi ne suit-il pas les traditions ? Pourquoi ne les a-t-il pas consultés avant de prendre cette décision ? Eux, les hommes les plus puissants du royaume, les seuls, avec Pharaon, à pouvoir communiquer avec le dieu caché, Amon. Ce rôle d'intermédiaire entre le dieu et les hommes leur donne un pouvoir immense : ils font parler le dieu, « *Amon nous a dit que…* », « *Amon n'est pas d'accord avec ce que vous faites* », « *Amon préfère que vous fassiez cela…* ». Ainsi, ils dictent aux hommes ce qu'ils doivent faire, et aucune décision importante ne se prend sans leur accord. Leur pouvoir concurrence sérieusement celui de Pharaon. Alors, quand Aménophis annonce un événement comme la célébration d'une Heb-Sed sans rien leur demander, personne ne comprend ce qui se passe. Mais il y a plus grave.

« *Pharaon a aussi ordonné la construction d'un nouveau temple…* », annonce le Grand Prêtre. Les prêtres se calment. Nouveau temple veut dire nouvelles offrandes, nouveaux cadeaux, arrivée d'or, de bijoux, de vin, de bière, de délices… Nouveau temple veut dire encore plus de richesses pour eux, donc encore plus de pouvoir.

Mais l'agitation repart de plus belle quand le Grand Prêtre annonce que ce nouveau temple sera dédié au dieu Aton, un dieu du Soleil. Aton ? Un temple pour Aton ? Mais Aton est un tout petit dieu, il n'a même pas de prêtre à son service. Les prêtres d'Amon n'ont rien contre Aton, au contraire : le Soleil est vénéré par toute l'Égypte, tout le monde vénère le dieu Amon-Rê, l'union d'Amon et du grand dieu du Soleil, Rê. Alors quelle idée d'aller chercher un petit dieu solaire ! Quelle idée de faire d'Aton le dieu principal de la Heb-Sed, la cérémonie la plus importante d'un règne de pharaon !

Du secret à la lumière

Amon, Rê, Mout, Horus, Isis, Osiris, Anubis, Hathor, Hapy, Bès, Thouéris, Ptah, tous les dieux sont importants pour faire fonctionner le monde, tous travaillent ensemble pour maintenir Maât. Pharaon et Néfertiti le savent, ils connaissent parfaitement les traditions de l'Égypte. Ils parlent beaucoup de tout cela, ils réfléchissent ensemble à l'ordre et à l'harmonie de l'univers.

Parmi tous ces dieux, Aton les intéresse particulièrement.

Ce dieu ne ressemble pas aux autres dieux.

Aton n'a pas de visage, pas de tête de chacal, de faucon, ou de bélier, il n'a pas de corps, pas de corps d'animal ou d'être humain : il est représenté par un simple disque solaire.

Aton n'a pas de parents, ni de femme, ni d'enfants, il ne ressemble pas aux humains comme les autres dieux, qui ont chacun leur caractère, leurs défauts, leurs qualités, leurs préférences : il est le Bien, le Bon, pour tout le monde, pour tous les hommes.

Aton ne parle pas, personne ne peut déclarer : « *Aton a dit ceci, Aton veut que vous fassiez cela* », il ne donne pas d'ordre, il n'apparaît pas seulement pour faire son travail, il ne demande rien pour lui : il est simplement là, toujours là, partout.

Aton se trouve dans chaque minuscule morceau de vie. Il est simple et lumineux, il est la vie et l'énergie.

C'est lui qui fait pousser les récoltes, éclore les fleurs, mûrir les fruits, c'est lui qui chasse chaque matin les froides ténèbres de la nuit. Néfertiti baigne dans cette chaude lumière, quand elle se réveille dans les bras de Pharaon et qu'un rayon de soleil s'invite dans leur chambre, quand elle vogue sur le Nil, quand elle voit ses enfants nager dans le fleuve, quand un oiseau chante ou qu'une gazelle s'approche timidement, quand elle croque un fruit juteux...

Tout cela l'émeut. Profondément. Beaucoup plus que le dieu Amon, si jalousement gardé depuis des siècles et des siècles dans l'obscurité des temples. Aton, lui, ne peut pas être enfermé, sa lumière inonde le monde, elle le fait exister.

Voilà le dieu que Néfertiti veut élever au-dessus des dieux égyptiens, voilà la religion nouvelle qu'elle veut partager avec son peuple.

Un bain de lumière

Vêtue d'une longue robe blanche de lin finement plissée, la tête recouverte de la couronne royale surmontée du cobra dressé, parée d'un sublime collier en or, des bracelets de

malachites et de lapis-lazuli aux poignets et aux chevilles, les yeux soulignés de khôl noir, le corps huilé et parfumé, la Grande Épouse Royale Néfertiti, assise sur la litière royale, traverse la foule amassée devant le temple d'Aton.

Un temple magnifique, comme elle le souhaitait : à ciel ouvert, sans toit.

Le peuple de Thèbes se presse pour admirer sa reine. Sa beauté est une promesse de richesses, de paix, de bonheur, il suffit de la voir pour sentir la présence des dieux, pour comprendre que l'Égypte est protégée et ne craint rien.

Les mélodies des harpes, des flûtes et des luths accompagnent Pharaon et Néfertiti vers le grand autel d'Aton. Partout sont disposés en offrande de délicieux mets, des oies rôties, des cailles farcies, des cuisses d'antilope grillées, des raisins, des figues, des dattes, du miel, des dizaines de sortes de pain, de bière et de vin. Devant l'autel surmonté du disque solaire, Néfertiti sent une force l'envahir. Sur les murs, devant elle, des petites mains sont dessinées à chaque extrémité des rayons diffusés par le disque solaire. Néfertiti sent que ces mains lui apportent la lumière et l'énergie divine. À ses côtés, Pharaon paraît plus grand, plus fort, plus rayonnant. Cette Heb-Sed annonce un renouveau pour l'Égypte, pense-t-elle.

Maintenant, le peuple va chanter, danser, rire, manger et boire toute la nuit jusqu'au petit matin.

La fin d'une époque

Cette Heb-Sed n'annonce rien de bon pour l'Égypte, pensent les prêtres d'Amon. Dans le temple d'Aton, le Grand Prêtre est parti à la recherche du *naos*, la pièce où vit le dieu, la pièce où seuls les prêtres ont le droit de pénétrer. Un endroit dans lequel se pratique le culte du dieu : habiller la statue le matin, la déshabiller le soir, lui apporter à manger, à boire, parfumer la pièce d'encens, la décorer de fleurs…

Le Grand Prêtre n'a pas trouvé. Ici, pas de *naos* pour Aton. Aton est visible par tout le monde : partout des peintures et des sculptures de disques solaires qui envoient sur le couple royal leurs rayons bienfaiteurs.

Autre surprise : Pharaon n'est jamais représenté en dieu, comme dans les autres temples. Ici, il est peint comme il est dans sa vie de tous les jours, dans ses vêtements habituels, en famille, jouant avec ses filles, ou en train de dîner, de discuter, de boire, et souvent d'embrasser sa femme. Sa femme, que l'on voit sur chaque mur, sur chaque colonne, encore plus que Pharaon. Comme si la beauté de Néfertiti devait absolument s'allier à la lumière d'Aton pour illuminer le temple. Néfertiti est représentée aussi grande que Pharaon, du jamais vu.

Aton, Pharaon, Néfertiti, Aton, Pharaon, Néfertiti, Aton, Pharaon, Néfertiti. Le Grand Prêtre d'Amon en a presque le vertige. Pour lui, le message est clair : Pharaon et Néfertiti veulent casser son pouvoir. Cette cérémonie et ce temple annoncent la fin d'une époque qui dure depuis des siècles et des siècles. D'ailleurs, à Karnak, à quelques centaines de mètres de là, pendant que le couple royal se recharge en énergie divine auprès du dieu Aton, le temple d'Amon reste vide. Bientôt, les cadeaux, l'or, l'argent, les bijoux, les magnifiques étoffes, les vins, les viandes, toutes les offrandes venues des quatre coins du pays seront déposées au temple d'Aton. Rien pour Amon, rien pour les prêtres d'Amon.

Le lever du soleil

Aménophis remonte délicatement le châle sur les épaules de Néfertiti. Il est très tôt, l'air est encore frais. Ils sont loin de Thèbes, ils sont seuls. Ranefer, conducteur du char royal, les a déposés il y a une heure près de la petite falaise.

À leurs pieds s'étendent d'immenses plaines de sable, arrêtées au loin par la courbe bleue du Nil. Le ciel crépusculaire s'éclaircit légèrement, les étendues de sable sortent doucement de leur sommeil, l'eau du Nil commence à scintiller de reflets argentés, l'air se réchauffe peu à peu. Au loin, entre deux collines, comme posé sur un écrin, apparaît le disque rouge. Néfertiti voit se lever la source de toute vie, le disque solaire se hisse majestueusement dans le ciel matinal. Un sentiment de paix et de sérénité l'envahit. Cette lumière, cette clarté, cette chaleur, qui caressent sa peau, pénètrent aussi son esprit, son cœur, son âme. Elle ressent la naissance du monde, le miracle d'un jour nouveau qui se lève, elle se sent tout entière reliée à Aton, le dieu créateur, elle est baignée par cet espoir de renouveau porté par le soleil levant. Voilà ce qu'elle veut partager avec Aménophis, l'homme qu'elle aime, voilà ce qu'elle veut partager avec l'Égypte, ce pays qu'elle aime.

Exquise splendeur d'Aton

Aménophis sent l'émotion de sa femme. Il lui demande doucement ce qu'elle pense de cette étendue désertique.

Néfertiti prend le temps de répondre. Elle veut exprimer le plus fidèlement possible ce qu'elle vit en cet instant magique.

« La lumière habite ici. Cette région est une région de lumière. Je la sens en toi, en moi. »

Aménophis la serre contre lui.

« C'est ici que doit vivre Aton. Nous allons faire jaillir du désert la cité de la lumière, la cité du Soleil. Quittons Thèbes. Construisons ici la nouvelle capitale de l'Égypte. »

Nous avons trouvé. Nous avons trouvé l'endroit où réaliser notre rêve, s'émeut Néfertiti. Un rêve dont ils parlent depuis des années : créer une ville dont Aton sera le seul dieu, le dieu unique. Une ville où aucun autre dieu n'a jamais vécu. Une ville qui s'appellera l'« Horizon d'Aton », Akhet-Aton.

Le visage de Néfertiti resplendit de beauté. Elle lève les yeux vers Aménophis.

« J'aime le nom que je porte, Néfertiti. J'aime ce qu'il signifie : "la Belle est venue." Mais je veux que le monde entier sache que la Belle est venue

pour Aton. Je m'appelle aussi Nerferneferou-Aton, "l'Exquise Splendeur d'Aton", la "Beauté des Beautés d'Aton". »

Et la politique ?

« *Nos espions infiltrés chez les Hittites envoient des rapports alarmants : ils n'ont pas renoncé à envahir l'Égypte, ils multiplient les alliances contre nous, nous devons envoyer nos armées les écraser définitivement.* »

Les Hittites, un peuple guerrier, se rapprochent dangereusement des frontières du Nord. Cela fait des années que les conseillers de Pharaon lui recommandent de couvrir de somptueux cadeaux les rois étrangers, pour les amadouer, de marier ses filles à des princes du Mitanni ou de Babylone pour sceller des alliances, de renforcer les garnisons en Palestine, en Syrie, à Byblos. Mais Aménophis ne fait rien. Quand les ministres lui lisent leurs rapports sur la situation aux frontières ou sur les problèmes intérieurs du pays, Pharaon semble rêver. Ces histoires de politique et de guerre ne l'intéressent plus du tout.

Akhénaton

Les hauts dignitaires du royaume ont les yeux fixés sur un petit point jaune, brillant, entouré d'une fine auréole de sable blanc. Plus le point avance et grandit, moins il est possible de le fixer, tant sa luminosité est forte. Sur son char entièrement recouvert d'or, Pharaon vient vers eux. Sa haute silhouette se découpe dans un halo de lumière, sa course ressemble à celle de l'astre lumineux dans le ciel. Quand le char royal s'immobilise, tout le

monde baisse les yeux et s'incline devant l'apparition du fils des dieux.

« *Pharaon vous a réunis pour vous annoncer la naissance d'un nouveau monde. En ce treizième jour du quatrième mois d'hiver de la sixième année de son règne, Pharaon, celui que les dieux ont nommé Aménophis, "Amon est satisfait", devient le serviteur d'Aton. À partir d'aujourd'hui, Pharaon prend le nom d'Akhénaton, "l'Esprit agissant d'Aton", "Celui qui est agréable à Aton".* »

Personne ne bouge. Akhénaton continue et annonce la décision qu'il a prise avec Néfertiti, ici, au soleil levant, il y a quelques jours à peine : le déménagement de toute la cour, de tous les hauts dignitaires vers une ville nouvelle, dédiée à un seul dieu, Aton. L'abandon de Thèbes, la cité d'Amon, cœur de l'Égypte depuis des siècles et des siècles.

Murmures

« Cette femme influence notre souverain, sa beauté ensorcelle Pharaon », « Néfertiti se prend pour l'égale de Pharaon », « Qui nous dit que cette femme est vraiment égyptienne ? D'ailleurs, ne

s'appelle-t-elle pas "la Belle est venue" ? Venue d'où ? Certainement de chez les étrangers qui rêvent de mettre l'Égypte à genoux », « C'est une espionne », « Si elle était vraiment égyptienne, elle ne pousserait pas Pharaon à tourner le dos à toutes les traditions des Deux Pays, elle serait fidèle à Maât ».

« Ce sont toujours les femmes qui mettent l'Égypte en danger. Souvenez-vous de Nefrousobek, elle a interrompu la tradition des pyramides, depuis on construit les tombes royales sous terre, et de Hatchepsout, elle se déguisait en homme pour régner. »

À Thèbes, les prêtres font circuler toutes sortes de rumeurs sur Néfertiti. Qui accuser de la perte de leur puissance, sinon cette femme qui échappe à leur pouvoir ? Depuis toujours les femmes sont suspectées d'influencer les hommes, de les conduire à leur perte. Surtout les femmes belles. Et si la beauté cachait une âme noire ? La beauté est une arme redoutable qui ensorcelle les hommes, les charme, les hypnotise, leur fait perdre la raison.

Tout cela arrive aux oreilles de Néfertiti, mais rien n'atteint sa joie de réaliser son projet, de faire vivre ce dieu, qui est amour, bonté et générosité.

La cité d'Aton, jaillie du désert

Moins de quatre ans se sont écoulés depuis le jour où les travaux ont démarré, en plein désert, à 400 kilomètres au nord de Thèbes. Le désert a laissé place à une magnifique ville de 40 000 habitants ! Une ville nouvelle. La première au monde dessinée entièrement sur des plans avant d'être construite. Néfertiti et Akhénaton ont beaucoup travaillé avec les

architectes. Cette ville devait exprimer l'esprit d'Aton. Fêter la Nature, prévoir partout des fleurs, des arbres, des jardins, des parcs, des fontaines, faire attention à ce qu'aucune construction n'empêche la lumière du soleil d'inonder les rues. Tout à fait différent d'une ville désordonnée et sale comme Thèbes, labyrinthe de petites ruelles sombres.

Mais, surtout, le couple royal voulait un magnifique temple pour Aton. Le temple d'Aton, la Demeure de la joie de rencontrer Aton, est immense : 800 mètres de long sur 300 mètres de large. Et, comme toit, le ciel. Des enfilades de vastes salles à ciel ouvert, pour arriver à l'autel principal d'Aton. Partout, de magnifiques sculptures et peintures d'Akhénaton et de Néfertiti recevant la lumière divine du disque solaire.

Renaître tous les matins

Le char en or descend lentement la grande avenue qui relie le palais au temple d'Aton. Pharaon tient Néfertiti par la taille et l'attire contre lui. La Grande Épouse Royale, coiffée de sa couronne bleue, parée d'un discret collier d'or, tient la main de Meritaton, « Aimée d'Aton », leur fille aînée. Maketaton, « Protégée d'Aton », leur deuxième fille, aide son père à diriger les chevaux. Pharaon sourit et la laisse faire, les chevaux sont dociles et connaissent parfaitement le chemin.

Le long de l'avenue, la foule lance des clameurs d'admiration, les gens sont heureux de les voir de si près, ils crient des messages de prospérité et d'amour à la famille royale. Pourtant, ces apparitions sont quotidiennes : chaque matin, le couple royal se rend au temple pour porter les offrandes au dieu Aton, accompagner son lever et puiser son énergie. Chaque matin, leur char illumine les rues d'Akhet-Aton, le peuple lui aussi se recharge en énergie divine à la vue du couple royal. Néfertiti rayonne de la beauté d'une déesse ; leur couple est le temple d'un amour lumineux, visible.

Les voir, c'est renaître. Les contempler, c'est contempler Aton, se relier à lui, se remplir de joie et de lumière.

Depuis la création d'Akhet-Aton, la vie de la cité est rythmée par les apparitions de Pharaon et de Néfertiti, comme la vie de la

De vie en vie :

Nature est rythmée par l'apparition d'Aton.
Pharaon l'écrit dans son hymne à Aton :

« Tu te lèves à l'aube, à l'horizon,
Tu rayonnes, disque solaire dans le jour,
Tu dissipes les ténèbres,
Tu répands tes rayons.
Le Double Pays est en fête,
Les hommes s'éveillent,
Ils se tiennent debout sur leurs pieds,
C'est toi qui fais qu'ils se lèvent.
…

Les oiseaux, volant ailes déployées hors
de leurs nids,
Font les actes d'adoration à ta puissance vitale.
Tous les animaux sautillent sur leurs pattes.
…

Dans la rivière les poissons font des bonds
vers ton visage. »

Un couple divin

Sur le petit autel dressé dans l'unique pièce de leur maison, le père et le fils déposent une cuisse de canard et quelques fleurs de nénuphar. Au-dessus de l'autel, gravés dans la pierre,  le petit garçon reconnaît l'homme et la femme qu'il vient de voir passer dehors, sur leur char en or. Akhénaton et Néfertiti sont gravés dans la pierre, en train de s'embrasser sous le disque solaire. Le petit garçon aime regarder les mains au bout des rayons, elles semblent caresser la tête de Pharaon et de sa femme. Leur amour monte vers le disque solaire, l'énergie divine descend sur eux. Dans sa petite maison en terre, son père, le potier, communie chaque matin avec le couple royal, comme tous les Égyptiens. Plus tard, son fils deviendra potier et il fera la même chose devant l'autel d'Aton, et les enfants de ses enfants feront de même, et les enfants des enfants de ses enfants continueront, et ainsi feront toutes les générations à venir, pour l'éternité.

Une famille divine

Pendant qu'Ankhesenpaaton, « Vivante à travers Aton », fait ses devoirs, Néfertiti câline Setenpenrê, « Choisie par Rê ». Ankhesenpaaton se dépêche, son professeur va bientôt l'appeler pour son cours d'hiéroglyphes et elle n'a pas terminé les devoirs qu'il lui a donnés.

Néfertiti est fière de ses six filles qui toutes apprennent à lire, à écrire, à jouer d'un instrument de musique, à participer aux cultes.

À côté d'elle, Neferneferourê, « Exquise Beauté de Rê », et Neferneferouaton, « Exquise Beauté d'Aton », prennent un bain tout en s'amusant à jongler avec des petites balles de cuir. Soudain, Setenpenrê saute des genoux de sa mère. Elle a aperçu son père et court se jeter dans ses bras. En général, Pharaon se fait annoncer quand il vient dans les appartements de la Grande Épouse Royale. Mais il aime aussi la surprendre, il aime arriver sans être vu, et prendre le temps de contempler sa famille. Ce spectacle le réjouit chaque jour davantage.

Les artistes de la cour ont ordre de représenter ces moments d'amour et d'harmonie, signes de la présence d'Aton. Ainsi l'esprit divin est proche du peuple, le peuple se rend compte que la lumière d'Aton peut atteindre le cœur de tous les hommes. Ceux qui s'étonnaient de ne pas voir Pharaon peint ou sculpté en dieu tout puissant vont peut-être comprendre : c'est l'amour de ce couple et l'harmonie de la famille royale qui représentent la présence de ce dieu.

Effacez son nom !

« *Allez chercher immédiatement Bek, Ahmosé et Mahou !* » s'emporte Pharaon en marchant de long en large.

Bek, le chef des sculpteurs, Mahou, le chef de la police, et Ahmosé, le garde des Sceaux et chef des scribes, arrivent tout essoufflés.

« *Bek, fils de Men, je t'ordonne de faire marteler et effacer partout le nom d'Amon. Sur chaque pierre de mon royaume, sur chaque colonne des Deux Terres, au sommet des obélisques, de la Nubie au delta du Nil, Pharaon veut que le nom d'Amon disparaisse.* »

Effacer un nom : le pire châtiment qui existe en Égypte. Effacer un nom, c'est effacer la mémoire, le passé, l'existence. Celui dont le nom est effacé tombe dans le Grand Oubli, qu'il soit dieu ou homme, son âme ne peut plus vivre si son nom n'est pas écrit.

Jamais la terre d'Égypte, terre d'accueil de tous les dieux, n'a vu cela. Pharaon s'adresse alors au chef des scribes.

« *Ahmosé, note : Pharaon vous couvrira d'or tous les trois, et chacun de vous sera nommé Ami et Aimé de Pharaon.* »

Ahmosé, Bek et Mahou ont le cœur rempli de joie. Ami de Pharaon, Aimé de Pharaon ! Les titres que leur promet Pharaon sont les cadeaux les plus précieux qu'un Égyptien puisse espérer recevoir. Ces titres seront gravés sur leurs tombes, qu'ils sont en train de construire. Ils seront ainsi assurés de vivre éternellement, sous la protection du fils des dieux. Vivre éternellement dans l'au-delà, voilà ce qu'il y a de plus important pour un Égyptien.

Pharaon et Néfertiti enseignent

Il y a beaucoup de monde au Palais, ce matin. Le public est très attentif, le professeur n'est pas un professeur comme les autres : c'est Pharaon.

Égorger un bœuf, ouvrir la cuisse du bœuf, laisser couler le sang, demander au prêtre de vérifier que l'animal est assez pur pour être offert au dieu, cela, tout le monde le comprend. Depuis des siècles et des siècles, les cultes rendus aux dieux se déroulent de la même manière : processions jusqu'au *naos*, offrandes, sacrifices d'animaux, musique et chant, supplications aux dieux pour obtenir protection, guérison, richesse, prospérité… Tout cela organisé par des professionnels du culte, les prêtres.

Alors écouter Néfertiti parler de l'émotion qui l'envahit quand sa voix monte vers Aton, voilà quelque chose de vraiment nouveau. Écouter Akhénaton parler de la chaleur qui donne vie au cœur des hommes quand Aton remplit les Deux Terres de son amour, voilà qui peut surprendre le peuple égyptien. Cœur, amour, intérieur de soi, contemplation de la lumière, dieu unique, père et mère de toutes choses… Qui a déjà parlé de cette manière ?

« *Pharaon a-t-il un dieu préféré ou alors Pharaon n'a-t-il qu'un seul dieu ?* » entend-on parfois dans les couloirs du palais d'Akhet-Aton.

« *Que veut dire Pharaon quand il écrit qu'Aton a des milliers de formes, mais qu'il demeure Un ?* »

« *Veut-il dire que ce dieu a absorbé tous les autres ? Que tous les dieux vivent à l'intérieur de lui ?* »

« *Ou veut-il dire qu'Aton est seul, vraiment seul, seul à maintenir l'harmonie de l'univers et de la terre ?* »

La plupart des prêtres d'Amon sont devenus prêtres d'Aton. Ils n'ont plus autant de pouvoir, mais ils vivent confortablement. Les dignitaires du royaume se sont tous mis au culte d'Aton avec obéissance, pas question de discuter une décision de Pharaon. Comme tout le monde, ils se taisent quand ils voient le nom d'Amon disparaître des temples, ils se taisent quand Akhénaton leur dit qu'il est le seul à connaître Aton.

Aton, mon père

Akhénaton l'écrit dans son hymne à Aton :

« Aucun de ceux que tu engendres ne te voit,
Tu résides en mon cœur.
Il n'existe pas un autre qui te connaisse,
À l'exception de ton fils Akhénaton,

Tu le rends connaissant de tes projets,
De ta puissance. »

Une immense douleur

Néfertiti est en larmes. Sa fille bien-aimée, Maketaton, « Protégée d'Aton », est morte. Pentou, le médecin de la cour a tout tenté, mais l'âme de Maketaton voulait quitter son corps et partir dans l'au-delà.

En quatorze ans de règne, sous le signe de la joie, du bonheur, du rire, de la fête, voilà la première grande douleur que Néfertiti doit affronter. Le corps de Maketaton est embaumé, toutes les étapes de sa vie sont peintes sur les murs de son tombeau, son nom est gravé sur chaque pierre, ses objets et ses nourritures préférées sont déposés près d'elle, tout est bien disposé dans sa demeure

d'éternité : son âme vivra heureuse, pour toujours. Néfertiti le sait, sa fille ne tombera jamais dans le Grand Oubli, et cette pensée est la seule pensée qui soulage sa douleur de mère.

Rumeurs et sarcasmes

Le bruit court que la Grande Épouse Royale veut se retirer au temple d'Aton. Mais de mauvaises langues disent aussi qu'Akhénaton s'éloigne de Néfertiti, qu'il lui reproche de ne pas lui avoir donné de fils, d'héritier mâle. Alors que Kya, une épouse secondaire de Pharaon, lui en a donné plusieurs. D'encore plus mauvaises langues insinuent que la beauté de Néfertiti se fane, et qu'Akhénaton ne voit plus en elle la déesse digne d'être sa femme.

Néfertiti, Grande Prêtresse d'Aton

Néfertiti pose son sistre au pied de l'autel d'Aton. Elle aime faire monter sa voix vers son dieu, accompagnée par cet instrument à clochettes. Elle aime l'odeur de l'encens, elle aime les longs moments de silence entre les cultes, elle aime vivre ici, loin des rumeurs et de la vie du palais.

Néfertiti sait que beaucoup d'Égyptiens continuent de célébrer un culte aux autres dieux, elle a bien vu que dans leurs maisons les habitants d'Akhet-Aton gardent des statues d'autres dieux. Mais, après tout, tous les dieux ne mènent-ils pas à Aton, l'Unique, la source de toute vie ?

Elle se sent de plus en plus proche d'Aton, dont la lumière pénètre toujours plus son cœur.

Désaccords dans le couple royal

Mais cette même lumière semble aveugler Pharaon et assécher son cœur. Comme la lumière du soleil brûle les yeux de ceux qui le fixent, ou assèche parfois les terres d'Égypte.

Dans le secret de ses pensées, Néfertiti se pose toujours plus de questions sur l'attitude de Pharaon. Il s'est montré intolérant avec les autres dieux, il a chassé ses conseillers qui vénèrent encore Amon, pour s'entourer uniquement de ceux qui adorent Aton. Et puis il envoie maintenant Toutenkhaton, le mari d'Ankhesenpaaton, à Thèbes, pour discuter et négocier avec les prêtres d'Amon. Néfertiti n'est pas d'accord avec tout cela, Pharaon le sait. Elle se demande si Pharaon a peur des prêtres d'Amon, peut-être croit-il encore en la puissance du dieu caché. Elle a du mal à comprendre les projets de Pharaon. Quelquefois, de sombres pensées lui traversent l'esprit : est-ce possible que Pharaon se soit intéressé à la nouvelle religion du dieu Aton uniquement pour affaiblir l'ancienne religion, uniquement pour réduire le pouvoir de ses prêtres ? Néfertiti se demande parfois si Pharaon se sert d'Aton pour renforcer son pouvoir. La religion, un outil, un moyen efficace pour faire de la politique ?

Une chose est sûre : à la cour d'Akhet-Aton, le nom de Néfertiti n'est plus prononcé. Personne ne sait vraiment ce qui se passe, mais tout le monde voit bien que leur amour ne brille plus comme avant sur la cité d'Aton.

Éternelle beauté

Trois mille ans plus tard, le 6 décembre 1912, quelque part dans le désert, un ouvrier égyptien bute contre un buste de femme. Une sculpture représentant une femme d'une beauté exceptionnelle, portant sur la tête une couronne bleue, comme seule Néfertiti en portait. Le sculpteur Thoutmosis avait tort de douter : il a finalement réussi à faire vivre pour l'éternité la divine beauté de sa reine adorée.

De vie en vie

Mais Akhénaton avait raison de se sentir trahi quand son peuple adorait d'autres dieux : après sa mort, on a détruit toute sa ville. Les larges avenues bordées de palmiers, les magnifiques villas, les jardins et les fontaines ont été détruits, en commençant par le temple d'Aton. Les nobles, les prêtres et le peuple ont suivi leur nouveau pharaon à Thèbes, ils ont tous retrouvé Amon et les autres dieux. Toutenkhaton a effacé Aton de son nom, il s'est renommé Toutenkhamon. Akhet-Aton, ville de la lumière, a sombré dans le Grand Oubli.

Néfertiti, elle, n'est pas tombée dans le Grand Oubli. Le petit garçon d'Akhet-Aton n'a pas parlé d'Aton à ses enfants, le nom de Néfertiti a peut-être été effacé des pierres, mais les idées de Néfertiti sur un dieu d'amour pour tous les hommes, qui ne demande aucun sacrifice, aucun cadeau, ses idées sur le beau, le bon, le vrai, ses belles idées vivent encore, partout dans le monde. Les sentiments de Néfertiti nous touchent encore, comme la Nature, le Soleil, touchent les hommes capables d'ouvrir leur cœur à cette présence, simple et belle. ■

ÉCOLE G-E CARTIER, BIBLIOTHEQUE
250 CHEMIN GAINSBOROUGH
TORONTO M4L 3C6

Sommaire

Sculpter la beauté 3

Le bonheur 5

Grande réunion 8

Une apparition éblouissante 11

Maât 12

Maât et Néfertiti 14

La Heb-Sed 15

Parole divine 17

Les prêtres du dieu Amon sont inquiets 19

Du secret à la lumière 21

Un bain de lumière 24

La fin d'une époque 27

Le lever du soleil 29

Exquise splendeur d'Aton 31

Et la politique ? 33

Akhénaton 34

Murmures 36

La cité d'Aton, jaillie du désert 38

Renaître tous les matins 40

Un couple divin 43

Une famille divine 44

Effacez son nom ! 46

Pharaon et Néfertiti enseignent 48

Aton, mon père 51

Une immense douleur 52

Rumeurs et sarcasmes 53

Néfertiti, Grande Prêtresse d'Aton 54

Désaccords dans le couple royal 55

Éternelle beauté 57

Néfertiti était reine d'Égypte, épouse du pharaon Akhénaton, de la XVIIIe dynastie, il y a plus de 3 500 ans. Sa beauté légendaire est parvenue jusqu'à nous à travers des portraits, des bustes surtout, retrouvés dans les sables du désert, qui font rêver à ce qu'était la vie d'une femme du Moyen Empire en Égypte.

Néfertiti a voulu, avec Pharaon, réformer la religion pour qu'il n'y ait plus qu'un seul dieu, Aton, un dieu solaire, créateur de vie, un dieu simple, accessible à tous. Ils ont créé ensemble une ville nouvelle, en plein désert, une nouvelle capitale entièrement dédiée au culte d'Aton. Mais aussitôt après leur mort, tout est redevenu comme avant et leurs successeurs ont essayé de faire disparaître toute trace de l'existence de Néfertiti.

Les auteurs

Brigitte Labbé est écrivain et **Michel Puech**
est maître de conférences en philosophie
à la Sorbonne. Ils sont coauteurs de tous
les ouvrages de la collection « Les Goûters Philo »
parus aux Éditions Milan.

Les illustrateurs

Jean-Pierre Joblin a réalisé la couverture
et les dessins de l'intérieur.
Tony Grippo a conçu le *flip-book*.

Dans la même collection

1. **Martin Luther King**
2. **Einstein**
3. **Bouddha**
4. **Marco Polo**
5. **Mozart**
6. **Néfertiti**

À paraître

Van Gogh
Molière
Coluche
Darwin

© 2003 Éditions MILAN
300, rue Léon-Joulin, 31101 Toulouse Cedex 9 – France
Droits de traduction et de reproduction réservés pour tous les pays.
Toute reproduction, même partielle, de cet ouvrage est interdite.
Une copie ou reproduction par quelque procédé que ce soit,
photographie, microfilm, bande magnétique, disque ou autre,
constitue une contrefaçon passible des peines prévues par la loi
du 11 mars 1957 sur la protection des droits d'auteur.
Loi 49.956 du 16.07.1949
Dépôt légal : 3e trimestre 2003
ISBN : 2.7459.1114.7
Imprimé par Aubin Imprimeur,
86240 Ligugé - France
Imp N° P 65690